LA GRANDE IMAGERIE

LES MONSTRES

Conception
Jacques BEAUMONT

Texte
Sabine BOCCADOR

Illustrations
Davide CORSI – Leaf Illustration

FLEURUS

FLEURUS ÉDITIONS, 15-27, rue Moussorgski, 75018 PARIS
www.fleuruseditions.com

DES MONSTRES GÉANTS

Les créatures de grande taille, puissantes et parfois féroces, ont toujours impressionné les hommes, peuplé leur imaginaire et alimenté leurs peurs. Deux monstres ont particulièrement fait parler d'eux : le yéti et le bigfoot. Le yéti habiterait les hauts plateaux enneigés de l'Himalaya, tandis que le bigfoot hanterait les bois de certaines régions des États-Unis et du Canada. Mais d'autres géants animent récits, mythes et légendes.

Le yéti

Surnommé « l'abominable homme des neiges », le yéti est une créature farouche qui ne se montre pas facilement. Très peu de personnes l'ont aperçu. D'après les témoignages, il s'agirait d'un homme-singe mesurant de 2 à 3 m, au corps couvert de longs poils clairs. Avec son crâne en forme d'obus, ses petits yeux perçants et sa mâchoire puissante, il paraît peu commode. Il y a vraiment de quoi redouter de se trouver nez à nez avec lui !

es traces impressionnantes

es immenses traces de pas laissées dans a neige (34 cm de long et 16,5 cm de large) rouveraient que le yéti marche sur deux ambes. Ses longs bras lui arriveraient aux enoux. Les photographies d'empreintes géantes prises par l'alpiniste britannique Eric Shipton, en 1951, lors de son expédition sur l'Everest, ont fait le tour du monde ! En 2008, des aventuriers japonais découvrent eux aussi des empreintes du yéti dans l'Himalaya. Ils affirment avec certitude qu'elles ne sont celles d'aucun animal connu…

Le bigfoot

Les États-Unis et le Canada ont eux aussi un yéti dans leurs forêts. Ils l'ont baptisé bigfoot. Le mystère de son identité subsiste depuis 150 ans. On l'aurait aperçu dans 1 600 endroits différents ! Récemment, un adolescent a affirmé l'avoir filmé aux États-Unis. Très velu et chevelu, le terrifiant bigfoot laisserait derrière lui des empreintes de pied de 40 cm de long et une odeur pestilentielle ! Les balles de fusil seraient sans effet sur lui. Les Indiens le prénommaient Sasquatch (géant poilu) et disaient avoir cohabité avec lui depuis des temps reculés.

Réalité ou canular ?

S'agit-il d'un homme préhistorique vivant dans une tribu isolée ou d'un grand singe ? La question reste entière. Mais, d'après les spécialistes qui ont analysé les touffes de poils retrouvées, l'« abominable homme des neiges » pourrait en fait être un ours !

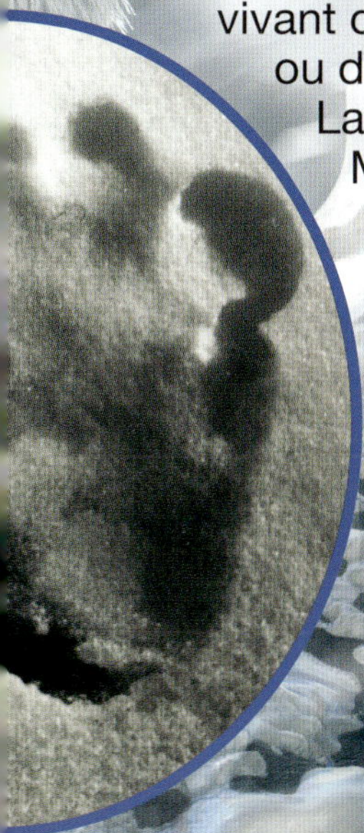

Des créatures isolées

Jamais on n'a pu voir de bigfoots vivant en groupe. Comment font-ils donc pour se reproduire ? Quoi qu'il en soit, en dépit des traques acharnées des chasseurs, personne n'est parvenu à en capturer un. Ce colosse à la fourrure rousse ou noire pèserait entre 180 et 200 kg. Son corps trapu paraît comparable à celui du yéti.

Le golem

Dans la culture juive et la mythologie de l'Europe de l'Est, le golem est un monstre que son créateur façonne en argile, en bois ou en pierre. Cette créature muette est censée protéger son maître. Le problème, c'est qu'elle grandit à une rapidité inquiétante, sans que l'on puisse stopper sa croissance. Et plus elle grandit, plus elle devient destructrice !

Mystérieusement, le golem prend vie lorsque son créateur inscrit sur son front le mot « emet », qui signifie « vérité » en hébreu. Pour tuer le golem, il faut effacer la première lettre de ce mot, car « met » veut dire mort !

Le rancor de *Star Wars*

Dans l'épisode VI de la saga *Star Wars*, Luke Skywalker se rend chez le criminel Jabba le Hutt pour libérer son ami Han Solo. Là, Jabba propulse le Jedi dans une fosse pour le livrer en pâture à l'un des monstres géants les plus redoutables de la galaxie : un rancor ! Mesurant 10 m de haut, cette terrible bête sanguinaire, armée de plusieurs rangées de dents pointues et de griffes acérées, se rue sur Luke. Sur le point d'être dévoré, le jeune homme active la commande de la grille de la fosse, qui s'abat sur le monstre et le tue sur le coup.

Le rancor, une gigantesque bête féroce imaginée pour l'un des épisodes de la célèbre série Star Wars.

Le cyclope Polyphème est décrit dans l'épopée d'Ulysse, l'Odyssée.

Les cyclopes

Dans la mythologie grecque, les cyclopes sont des géants qui n'ont qu'un œil au milieu du front. Après la guerre de Troie, Ulysse et ses compagnons entreprennent un long voyage semé d'embûches pour rentrer chez eux. Sur leur route, ils demandent l'hospitalité au terrible cyclope Polyphème. Ce colosse les emprisonne dans sa grotte et dévore six hommes sur douze ! Pour s'enfuir, Ulysse décide de l'enivrer afin de pouvoir lui crever son œil avec un pieu chauffé dans le feu.

LES OGRES

Apparus dans les contes à partir du XVIIe siècle, les ogres, qui se délectent de chair humaine, et en particulier de celle des enfants, sont sans doute les plus connus des monstres géants. Cruels et affamés, ils ne sont pas toujours très malins. Dans la mythologie grecque, déjà, le terrible Titan Cronos dévore sa propre progéniture de peur qu'elle ne lui vole son pouvoir. Cronos sera pourtant détrôné par son fils, Zeus, qui deviendra le roi des dieux de l'Olympe.

L'ogre du *Chat botté*

Les ogres peuvent posséder de grandes richesses et des pouvoirs magiques. L'ogre du *Chat botté*, conte écrit par Charles Perrault en 1695, est le propriétaire d'un somptueux château que le chat convoite pour son maître. Mais il a aussi la faculté de se transformer en n'importe quel animal. Pour le flatter, le chat lui demande de se changer en lion, ce que l'ogre fait sur le champ. Puis le chat lui suggère de se transformer en souris. Sans y voir malice, l'ogre obéit et se fait aussitôt dévorer par le chat !

Pas toujours très malins...

Si les ogres sont des géants qui ont un appétit sans limite, avec un goût prononcé pour la chair fraîche, ils se laissent toutefois tromper facilement. Le petit Poucet du conte de Perrault (1697) a ainsi recours à la ruse pour faire en sorte que l'ogre dévore ses propres filles plutôt que ses frères à lui.

Persuadé que l'ogre va les dévorer pendant leur sommeil, le petit Poucet échange son bonnet de nuit et celui de ses frères contre les couronnes des filles de l'ogre. Trompé par cette ruse, l'ogre égorge ses propres filles sans se méfier !

Dans le conte anglais *Jacques et le haricot magique*, Jacques escalade le haricot géant qui pousse jusqu'au ciel et découvre un château immense. Comme sa mère et lui sont très pauvres, il dérobe les richesses de l'ogre qui y habite pendant son sommeil. L'audacieux Jacques finit par se faire surprendre, mais parvient à échapper à l'ogre en dévalant avant lui le haricot magique. Le jeune héros est bien plus astucieux que l'ogre, car il réussit à faire de la femme du géant son alliée.

Cronos le Titan

Le géant et tyrannique Cronos épouse sa sœur Rhéa et dévore dès leur naissance tous les enfants que celle-ci met au monde ! Lors de sa sixième grossesse, Rhéa trouve un subterfuge. Elle se rend en Crète, donne naissance à Zeus à l'abri d'une grotte et retourne auprès de son monstrueux mari en lui présentant une grosse pierre enveloppée de langes. N'y voyant que du feu, Cronos avale la pierre. Devenu adulte, Zeus se venge de son effroyable père en lui faisant boire une potion magique afin qu'il recrache tous ses enfants !

MONSTRES AQUATIQUES

Les légendes font mention de nombreux monstres marins qui cherchent à effrayer et faire sombrer les navigateurs. Charybde et Scylla comptent parmi ces créatures redoutables et constituent l'une des épreuves que doit surmonter le héros grec Ulysse. En Écosse, le célèbre monstre dissimulé dans le lac appelé Loch Ness hante les esprits depuis le Moyen Âge. Canular ou phénomène réel ? Quoi qu'il en soit, ce lac attire aujourd'hui encore de nombreux curieux.

Scylla

Scylla est une nymphe grecque d'une grande beauté, que la jalouse magicienne Circé transforme un jour en un monstre marin terrifiant. Avec ses six têtes armées de trois redoutables rangées de dents, cette créature immortelle est extrêmement dangereuse. Ainsi transformée, elle devient la gardienne d'une grotte située dans un détroit de la Méditerranée et guette les marins qui empruntent ce passage, avec l'intention de les dévorer tous !

Malgré les mises en garde, Ulysse s'obstine à vouloir affronter le monstre, ce qui lui vaut de perdre six de ses marins. En conséquence, il donne l'ordre aux survivants de s'éloigner au plus vite de Scylla et de la tout aussi dangereuse Charybde.

Le monstre du Loch Ness

Plus curieux que dévorés par la peur, nombreux sont ceux qui arpentent les rives du Loch Ness, en Écosse. Ils veulent voir de leurs propres yeux « Nessie ». Aperçu dans les années 1930 et décrit depuis le Moyen Âge, ce monstre aquatique, qui ressemble à une baleine ou à un serpent géant, s'agiterait dans les eaux du lac. Certains l'ont même décrit comme un plésiosaure, un grand reptile marin au long cou ayant vécu à l'époque des dinosaures.

Le mystère éclairci ?

Un homme a passé 24 années de sa vie à observer le lac pour tenter de lever le mystère. C'est dire si le monstre du Loch Ness déchaîne les passions ! Son explication est plus réaliste : d'après lui, Nessie serait un silure, une espèce de poisson géant qui peut atteindre 4 m de long et peser plus de 200 kg. Il pourrait aussi s'agir d'un esturgeon, une espèce au corps très allongé.

Plusieurs photos ont été publiées, mais aucune n'a réellement permis de résoudre cette étrange énigme.

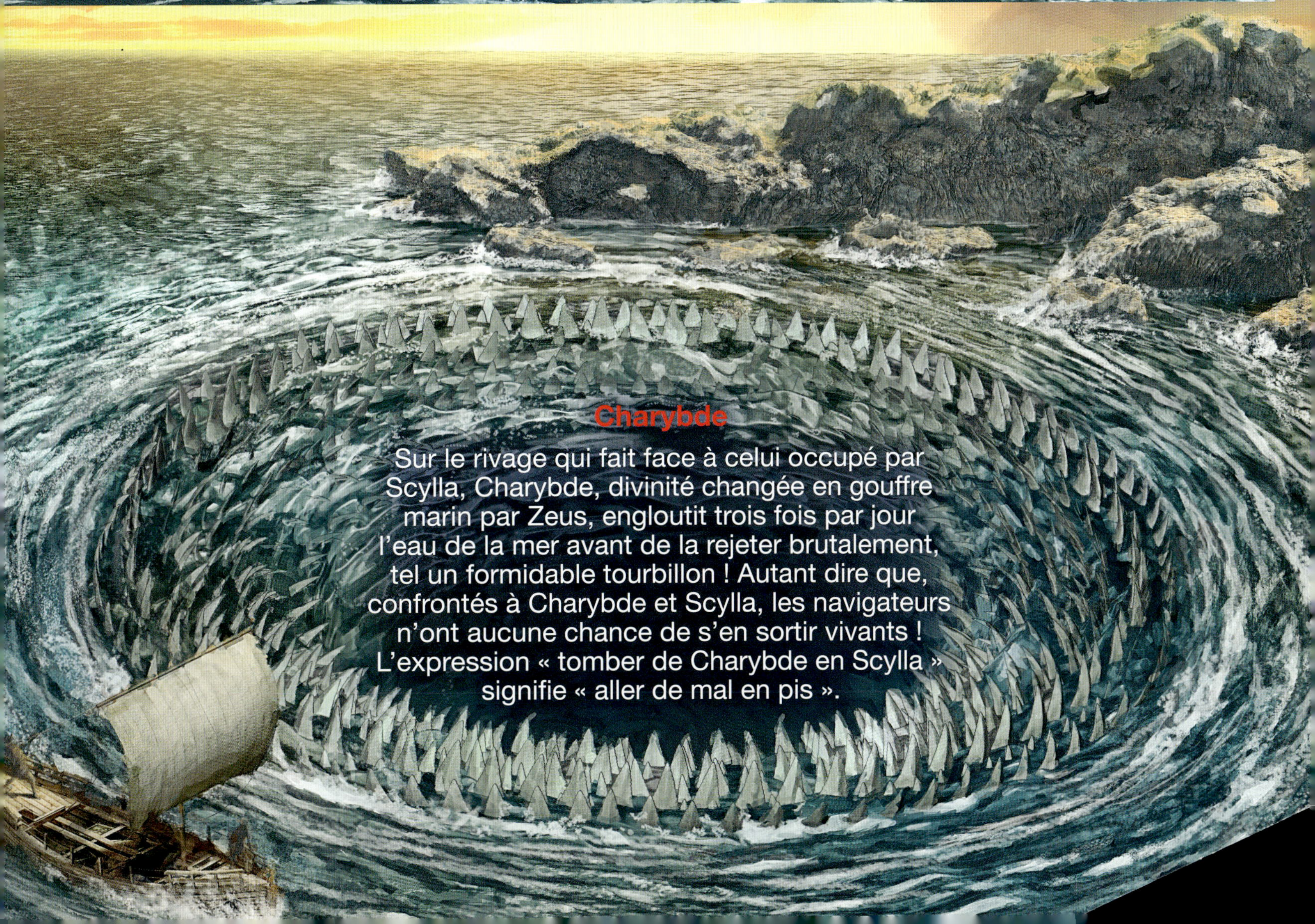

Charybde

Sur le rivage qui fait face à celui occupé par Scylla, Charybde, divinité changée en gouffre marin par Zeus, engloutit trois fois par jour l'eau de la mer avant de la rejeter brutalement, tel un formidable tourbillon ! Autant dire que, confrontés à Charybde et Scylla, les navigateurs n'ont aucune chance de s'en sortir vivants ! L'expression « tomber de Charybde en Scylla » signifie « aller de mal en pis ».

MONSTRES DES ENFERS

Certains monstres sont dédiés aux Enfers, le royaume des morts. C'est le cas de Cerbère, un chien à trois têtes décrit dans la mythologie grecque. D'autres monstres hideux président aux Enfers, tel Belzébuth dans la Bible, l'un des bras droits de Satan, banni du Paradis parce qu'il s'est opposé à Dieu. Si la manticore, présente dans des légendes persanes, n'est pas directement liée aux Enfers, elle est cependant l'incarnation du Mal. Son nom signifie « mangeuse d'homme ».

Belzébuth

Dans la Bible, Belzébuth est le prince des démons et le chef suprême de l'empire infernal et de ses armées. Lorsqu'il se dresse, ce monstre d'une taille prodigieuse gonfle sa poitrine, les yeux étincelants et l'air menaçant. Son corps noir et velu et ses grandes ailes de chauve-souris le rendent plus diabolique encore. Quand Belzébuth se met en colère, il vomit des flammes et hurle comme un loup.

Cerbère, le gardien des Enfers

Chien monstrueux à la queue de dragon, Cerbère a une haleine repoussante et des crocs redoutables ! Bien courageux sont ceux qui osent enfreindre sa loi ! Gardien des Enfers, il en interdit l'accès aux vivants en menaçant de les dévorer et terrorise les morts pour les empêcher d'en sortir ! Le meilleur moyen de passer outre est de tenter de l'amadouer, mais bien peu y parviennent.

L'effroyable chien Cerbère est le fils d'Échidna et de Typhon *(voir p.18).*

Belzébuth pousse les hommes à la convoitise et au crime jusqu'à les faire sombrer dans la folie. Pour les séduire, il peut prendre l'apparence d'un bel homme ou d'une jolie femme.

La manticore, représentation du Mal

Cette créature glaçante symbolise le Mal. Avec sa large bouche aux dents tranchantes, la manticore tue ses victimes d'une simple morsure, puis les broie et les dévore tout entières, sans laisser le moindre reste d'os ou de vêtement ! Monstre sanguinaire au corps de lion et à la tête humaine, elle est extrêmement féroce et rapide. Sa queue de scorpion ou de dragon munie de pointes empoisonnées la rend plus dangereuse encore. Lorsqu'un voyageur disparaît sans laisser de traces, il a probablement été victime d'une manticore.

MI-FEMMES, MI-MONSTRES

Il existe des monstres féminins à l'aspect tout à fait effrayant. C'est le cas de Yama-Uba, la grande dévoreuse de la mythologie japonaise. Si les Grées, au visage difforme, issues de la mythologie grecque, ne sont pas moins repoussantes, elles semblent pourtant moins dangereuses. Mais les plus épouvantables de toutes sont sans doute les Gorgones.

Yama-Uba

Monstre de la mythologie japonaise, Yama-Uba est une vieille femme hideuse, aux longs cheveux blancs hirsutes, qui hante les montagnes. On dit qu'elle habite dans une cabane et qu'elle guette les voyageurs qui passent par là. Extrêmement rusée, elle est capable de se changer en une très belle femme pour les attirer. Une fois que son charme a opéré, elle les dévore avec sa bouche qui est aussi large que sa tête !

Au Japon, les parents mettent en garde leurs enfants contre Yama-Uba pour les empêcher de s'éloigner de la maison. Yama-Uba est une sorte de sorcière ogresse.

Les Grées

Les Grées sont les trois sœurs aînées des Gorgones (voir ci-dessous). Nées vieilles, aveugles et édentées, ces créatures possèdent un seul œil et une seule dent pour elles trois, qu'elles se prêtent à tour de rôle. Ces mégères sont les seules à connaître le repaire des Gorgones. C'est donc à elles que le héros Persée s'adresse pour trouver Méduse, l'une des Gorgones qu'il est chargé de tuer. N'ayant que faire de Persée, les Grées refusent de le renseigner. Mais, quand soudain le jeune homme s'empare de leur œil unique, les épouvantables vieilles se voient contraintes de lui indiquer la cachette.

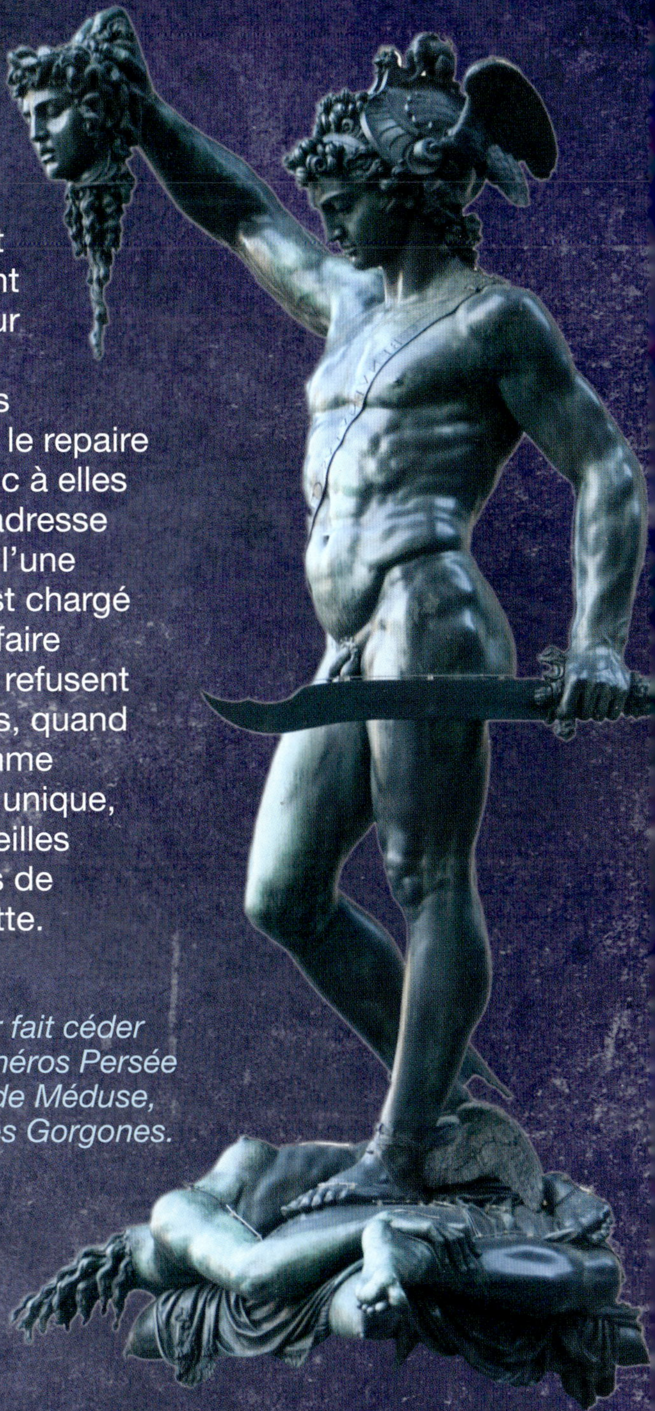

Après avoir fait céder les Grées, le héros Persée tranche la tête de Méduse, l'une des terrifiantes Gorgones.

Les Gorgones

Ces trois sœurs ont pour noms Sthéno, Euryale et Méduse. En plus d'être hideuses, avec leur chevelure de serpent, leur langue pendante et leurs défenses de sanglier, elles sont particulièrement redoutables. Quiconque ose les regarder en face est aussitôt changé en statue de pierre ! Croiser leur regard, c'est s'exposer à une mort certaine ! Avec l'aide des dieux Hermès et Athéna, le courageux Persée parvient à tuer Méduse, la seule des trois Gorgones qui est mortelle, en lui tranchant la tête.

UNE FAMILLE DE MONSTRES

Il existe, dans la mythologie grecque, une famille composée de monstres qui font régner la terreur dans les régions où ils se trouvent. Échidna, fille de Gaia (la Terre) et de Tartare (le Monde souterrain), donne naissance à une dizaine de créatures plus terrifiantes les unes que les autres. Elle conçoit certaines d'entre elles avec son frère Typhon, un être fabuleusement grand et d'une puissance extrême. Ils lèguent à leur progéniture une force bestiale, le goût de la chair humaine et un tempérament de feu.

Échidna

Surnommée « la mère de tous les monstres », Échidna est effrayante par sa taille gigantesque et son affreuse queue de serpent recouverte d'écailles aux couleurs changeantes. Pourtant, étrangement son visage, ses bras et son buste sont ceux d'une belle femme. Mais il faut se méfier de son éternelle jeunesse ! Vivant dans les profondeurs de la Terre, Échidna sort de sa caverne pour dévorer tous les hommes qui passent à sa portée. Gare à ceux qui se trouvent là par hasard !

Typhon

Mi-fauve, mi-homme, Typhon serait le plus grand et le plus puissant des monstres que Gaia ait mis au monde ! Sa tête touche les étoiles et ses yeux projettent des flammes. Mais ce n'est pas tout : avec les cent têtes de dragons qui jaillissent de ses mains et les vipères qui sortent de ses cuisses en faisant entendre des sifflements effroyables, ce géant d'une grande violence paraît invincible ! Il est pourtant terrassé au terme d'un combat épique qui l'oppose à Zeus, le roi des dieux de l'Olympe.

L'hydre de Lerne

Cette créature à corps de chien et à multiples têtes de serpents est l'une des plus dangereuses que Typhon et Échidna aient engendrées. Usant de son souffle empoisonné et de son venin mortel, l'hydre terrorise les populations qui viennent puiser l'eau du lac de Lerne. Ayant pour mission de tuer ce monstre, le héros Héraclès entreprend de trancher toutes ses têtes. Mais, ô stupeur, elles repoussent aussitôt ! Il demande alors à son neveu Iolaos de brûler chaque cou dès qu'une tête tombe. Après de fabuleux efforts, Hercule parvient à trancher la dernière tête, débarrassant ainsi à tout jamais la région de l'hydre.

La chimère

La chimère est, elle aussi, faite de plusieurs animaux : sur son corps de chèvre, qui s'achève par une queue de serpent, se dressent trois redoutables têtes, de serpent, de chèvre et de lion, qui vomissent des flammes. Dans la région où elle vit, rien ne lui résiste ! Ayant pour mission de la tuer, le héros Bellérophon, avec l'aide de Pégase, le cheval ailé, a recours à une ruse. Il survole la bête en projetant dans l'une de ses gueules une lance munie d'une extrémité en plomb. La chaleur du feu que crache la chimère fait fondre le métal dans ses entrailles, lui réservant une mort lente et douloureuse.

Le sphinx

Avec son buste de femme, son corps de lion et ses ailes dans le dos, le terrifiant sphinx s'en prend aux habitants de la cité de Thèbes d'une curieuse façon. Posté sur les remparts de la ville, il pose à tous ceux qui passent par là une énigme complexe et promet de disparaître s'il obtient la bonne réponse. Si la personne interrogée se trompe, elle est dévorée par le sphinx ! Beaucoup d'hommes périssent ainsi jusqu'au jour où le héros Œdipe parvient à résoudre l'énigme. Le sphinx se tue alors en se précipitant du haut du rempart.

Saurais-tu résoudre l'énigme du sphinx ? « Qui marche le matin sur quatre pattes, à midi sur deux pattes et le soir sur trois pattes ? »

Bellérophon chevauche Pégase et affronte la chimère.

Ladon

Cet effrayant dragon aux cent têtes, dont chacune parle une langue différente, est le gardien du jardin des Hespérides. Il est chargé de veiller jalousement sur les pommes d'or qui pendent dans l'arbre autour duquel il est enroulé. Ces pommes, qui confèrent l'immortalité, sont le cadeau de noces que Gaia a offert à Héra, l'épouse de Zeus. Pourtant, le héros Héraclès parvient à tromper la vigilance du terrible dragon et à le tuer. Pour remercier Ladon de ses loyaux services, Héra place sa dépouille dans le ciel, là où se trouve la constellation du Dragon.

Ladon, gardien du pommier des Hespérides

MONSTRES DE LA LITTÉRATURE

La littérature est riche en monstres qui font frémir les lecteurs. Les plus connus sont Dracula, Mister Hyde et Frankenstein. Le premier, Dracula, est sans aucun doute le vampire le plus célèbre de l'Histoire. Il a donné naissance à de nombreux films et récits de vampires. L'étrange Mister Hyde exprime quant à lui la personnalité maléfique du gentil docteur Jekyll. Frankenstein, enfin, est engendré par un homme qui ose défier les lois de la nature en se prenant pour le Créateur.

Dracula

Dracula est un roman, publié en 1897 par l'écrivain irlandais Bram Stocker, dans lequel le comte Dracula est décrit comme vivant reclus dans son château de Transylvanie, une région de la Roumanie actuelle. Un jour, un jeune homme qui rend visite au comte comprend peu à peu que celui-ci est un vampire en découvrant ses bien mystérieuses habitudes. En effet, le comte ne sort que la nuit, ne renvoie pas de reflets dans les miroirs et dort dans... des cercueils ! Mais le pire, c'est qu'il se nourrit de sang humain en mordant ses victimes au cou ! Les aventures de Dracula se poursuivent en Angleterre, où la fiancée du jeune homme, accompagnée d'une amie, deviennent les proies du vampire. Les héros parviennent finalement à capturer et à tuer Dracula.

Si Dracula est condamné à vivre la nuit, c'est pour éviter les rayons du soleil qui lui font perdre toute son énergie. Certains symboles chrétiens tels que les crucifix le mettent très mal à l'aise. Gare à ses morsures qui transforment ses victimes en vampires ! L'ail le fait fuir, mais l'unique façon de se débarrasser d'un vampire serait de lui transpercer le cœur en plein jour avec un pieu en bois.

Mister Hyde

L'Étrange Cas du Docteur Jekyll et de Mister Hyde est une nouvelle publiée en 1886 par l'écrivain écossais Robert Louis Stevenson. Le docteur Henry Jekyll met au point une potion destinée à séparer le bon et le mauvais côté de sa personnalité. Malheureusement, le côté maléfique l'emporte. Tandis que le docteur Jekyll est un personnage respecté et élégant, son autre facette, repoussante, celle de Mister Hyde, se déchaîne… Il agresse des passants, et va jusqu'à commettre des meurtres ! Prisonnier de sa personnalité sombre et dangereuse, le docteur Jekyll décide de mettre fin à ses jours.

Mary Shelley, l'auteure de Frankenstein

Frankenstein

Frankenstein est un roman publié en 1818 par l'Anglaise Mary Shelley. Son récit glaçant connaît un immense succès. Le docteur Victor Frankenstein crée un homme à partir de membres et d'organes provenant de défunts dont il a pillé les tombes. Il donne vie à sa créature en la soumettant à un choc électrique. Mais cet être est tellement laid et monstrueux qu'il est rejeté par les autres. Pour se venger de son créateur, il commet des crimes. Le roman raconte le combat infernal qui oppose le savant, horrifié par le désastre qu'il a engendré, et sa créature, dévorée par le désir de prendre sa revanche sur sa tragique existence.

MONSTRES DU CINÉMA

Les monstres ont toujours fasciné les cinéastes. Parmi eux, King Kong, le gorille géant à la fois agressif et tendre, a donné lieu à huit films ! Chez le spectateur, la peur se mêle à la pitié. Le terrifiant Godzilla est un monstre du cinéma japonais, apparu sur le grand écran en 1954. Il est célèbre partout dans le monde. Si dans *Monstres & Cie*, les monstres effraient les enfants pour récolter leurs cris, cela n'empêche pas une petite fille de se prendre d'amitié pour l'un d'entre eux.

Godzilla

Ce géant de 90 m de haut est un dinosaure qui a muté sous l'effet des essais atomiques effectués dans le Pacifique lors de la Seconde Guerre mondiale. Après un sommeil de plusieurs millions d'années, Godzilla se réveille et se déchaîne contre les hommes. Revenu du fond de l'océan, il fonce droit sur Tokyo en détruisant tout sur son passage ! Laissant un véritable carnage derrière lui, il finit par glisser dans l'eau et disparaître complètement.

Son arme la plus redoutable est le faisceau radioactif qu'il projette en ouvrant sa gueule.

Si King Kong est capable d'une grande violence due à sa taille et à sa puissance, il est en réalité moins cruel et méchant que les hommes, qui le considèrent comme une bête de foire. Plusieurs films ont été réalisés sur King Kong. Ils reprennent à peu près la même histoire.

King Kong

Le premier film *King Kong* date de 1933. Il raconte l'histoire d'une équipe de cinéma partie tourner un film sur une île du Pacifique. Là, les habitants capturent une des jeunes femmes du groupe pour la livrer en sacrifice à Kong, un singe géant et terrifiant vénéré sur l'île. Les membres de l'équipe se lancent à sa recherche dans la jungle et croisent des dinosaures. Ils finissent par la retrouver, piègent Kong et le ramènent vivant à New York. Après avoir dévasté la ville, King Kong emporte la jeune femme, dont il est tombé amoureux, au sommet de l'Empire State Building. Il meurt alors sous la mitraille des avions venus l'anéantir.

Monstres & Cie

Dans ce film, Monstropolis est une petite ville peuplée de monstres qui ne peut fonctionner que grâce aux cris de frayeur des enfants, sa principale source d'énergie. Monstres & Cie est le nom de la plus grande usine de traitement de cris de la ville. Son équipe de monstres se rend chaque soir dans le monde des humains. Leur mission consiste à terrifier les enfants pendant la nuit afin de pouvoir « récolter » leurs hurlements. Mais un jour, Sulli, une créature cornue géante, censée être la plus effrayante, ouvre une porte par laquelle une petite fille, Bouh, pénètre dans Monstropolis. À la grande surprise de Sulli, elle n'a pas peur du tout !

MÉTAMORPHOSES

Dans les récits de monstres, on mentionne aussi des humains qui se transforment en créatures effrayantes. On les appelle quelquefois « changeformes » ou « métamorphes » parce qu'ils changent d'apparence. L'une des transformations les plus connues est celle du loup-garou. Si celui-ci retrouve généralement son enveloppe humaine, ce n'est pas le cas du wendigo, dont la transformation en monstre est définitive. La Bête, quant à elle, qui garde Belle captive, attend patiemment la possibilité de retrouver son apparence de prince.

Le loup-garou

Un loup-garou est un homme qui se transforme en loup les soirs de pleine lune ; ses hurlements font froid dans le dos ! Il satisfait alors son insatiable appétit en se nourrissant de chair humaine. Quelques heures plus tard, il retrouve son aspect normal. On raconte que ces êtres ont conclu un pacte avec le diable, qu'ils sont victimes de sortilèges, ou qu'ils ont bu l'eau d'un ruisseau souillé par un loup. D'autres auraient des parents loups-garous. Au Moyen Âge, des centaines d'innocents ont été condamnés à mort après avoir été accusés d'être des loups-garous.

L'homme frappé par le sort du loup-garou subit une transformation impressionnante. Son corps se muscle et se couvre entièrement de poils. À l'extrémité de ses mains et de ses pieds, qui grandissent, poussent de longues griffes. Une queue touffue se développe.

Sa mâchoire se transforme en museau et s'arme de crocs tranchants. Ses oreilles s'allongent en pointe.

La Belle et la Bête

Une jeune femme prénommée Belle accepte de passer sa vie dans le château d'un monstre pour sauver son père, condamné à mort après avoir cueilli une rose dans le domaine de la Bête. Belle découvre que la Bête, à l'aspect repoussant, était autrefois un beau prince puni par une fée en raison de ses mauvaises actions. Reclus dans son château, le malheureux monstre sait que seul l'amour d'une femme pourra le libérer du sortilège et lui permettre de retrouver sa forme humaine.

Ce conte a fait l'objet de nombreuses adaptations au cinéma, parmi lesquelles le célèbre film de Jean Cocteau de 1946 et le film d'animation des studios Disney de 1997.

Le wendigo

Créature de légende des Indiens d'Amérique, le wendigo est un être humain qui se transforme en un monstre épouvantable après avoir mangé de la chair humaine. Ses armes les plus redoutables sont ses griffes acérées et sa mâchoire aux crocs d'acier capables de broyer des pierres. Le wendigo dévore ses victimes vivantes ! Il peut voir dans la nuit et se déplacer sans être vu car il se fond dans le paysage. Sa peau résiste aux balles.

TABLE DES MATIÈRES

MDS : 661 260
ISBN : 978-2-215-14409-0

Dépôt légal à la date de parution.
Conforme à la loi n° 49-956 du 16 juillet 1949
sur les publications destinées à la jeunesse.
Imprimé en Italie (01-18)